L'ALLIANCE

DES

AUGUSTES PÈRE, MÈRE

ET DES ILLUSTRES ENFANS

COMMANDANT SUR TERRE ET SUR MER.

L'impitoyable mort, à un Ministre père,
Vient d'enlever le fils , de le mettre en la terre,
Lorsque par ses talens et ses rares vertus
Promettait à la France un chef d'état de plus.
Du destin le malheur accable aussi la mère,
Perdre hélas! son enfant, son bien, voir la misère;
Sur ce tombeau pleurons, privés d'habits de deuil ;
Mais en porte un le cœur, quand la larme est à l'œil.
Sur l'univers, des droits, le beau sexe a l'empire,
De sa voix au palais fait respecter sa lyre.

PARIS.

Imprimerie de LACRAMPE, passage du Caire, 128.

FÉVRIER 1837.

L'ALLIANCE

DES AUGUSTES PÈRE, MÈRE

ET DES ILLUSTRES ENFANS

COMMANDANT SUR TERRE ET SUR MER.

⸺◆⟡◆⸺

A LEURS MAJESTÉS,

Le sieur CÉLESTIN JANNIN, artiste, a l'honneur de solliciter de Sa Majesté LOUIS PHILIPPE 1er, Roi des Français, la
permission de dédier la lettre suivante, formée de vœux et de
désirs respectueux, à Sa Majesté la Reine de France.

A Son Altesse Royale Monseigneur le Duc de Nemours,

MON PRINCE,

Permettez-moi d'avoir l'honneur de vous écrire au sujet du
projet de loi, d'une auguste volonté, et ministériel, touchant
l'apanage de Votre Altesse Royale, et la dotation de la princesse
Louise, Sa Majesté la Reine des Belges, considérant ces dotations
apanagères, être équitables et justes.

Je fais des vœux pour que ce projet de loi obtienne tous les
suffrage législatifs.

Le 25 décembre dernier, j'ai eu l'honneur d'adresser aux Chambres une pétition, j'ai l'espoir qu'elle paraîtra à son tour, et que

MM. les Législateurs prendront en considération ma réclamation, que je crois équitablement juste.

Trois paroles de votre bouche, mon Prince, en rapport aux augustes volontés et des trois pouvoirs, ouvriront les cœurs en faveur d'une découverte nationale; et désirant pouvoir travailler à l'exécution pour en faire jouir la société, je demande, après avoir été, en 1827, victime de la plus cruelle des injustices, mis dehors de mes biens, et vu détruire sous mes yeux lorsque ma famille et moi nous mourrions de faim, deux établissements, l'un, une forge d'utilité publique, à vingt lieues à la ronde, la seule principale qu'il y eût à cette époque dans le département de l'Ain, où l'on fabriquait les outils aratoires, tels que socs de charrue, pendants, pioches, bêches, foussoirs, herses, etc. Les outils de carrière de pierre, tels que grues, crics, pal-fer, marteaux, masses, piques, plates, bouchardes, ciseaux, truelles de maçons, aiguilles de mine et sondes pour les fouilles de mines, etc. Les outils de charpentiers, menuisiers, tels que haches, piochons, bisaigues, ciseaux, fers de rabot, etc. Ceux de tourneurs en général et d'autres états. Les fermetures de maisons et ustensiles de cuisine, les ferrures de chars et de guimbardes, les grosses pièces à l'usage des fabriques, filatures de coton; les ferrures de scieries, romaines, machines et instruments de moulins, battoirs, huileries, papeteries, vis, presses, rampes d'escaliers, croix, balustrades d'églises et montures de cloches, etc. Enfin on fabriquait dans cette forge des scies à eau, qui avaient une réputation française, dont les relations s'étendaient en Savoie, en Suisse, au nord et au midi de la France. Cet établissement qu'on a détruit, et un autre dont je ferai ressortir le mérite plus loin, valaient, avec ce qui reste de mes propriétés, deux cent mille francs.

Je demande, dis-je, à rentrer dans le restant de mes biens, ne valant plus que 82,000 francs, étant amodiés 1,600 francs par l'acquéreur; mais, chose étrange qui est à remarquer et qui vous surprendra, mon Prince, l'acquéreur n'a payé le tout, dans son ensemble, que quatorze mille francs, par intrigue bien menée des spoliateurs, et par intrigue encore pour faire disparaître leur déprédation, l'acquéreur en a détruit pour plus de cent mille, en détruisant deux établissements industriels de première importance, et des objets, machines, outils, inventions mécaniques du premier ordre, brisés de fond en comble, cassés, dispersés, donnés, vendus par morceaux et à vil prix, l'acquéreur dévastateur en a fait encore plus de quatorze mille francs ; sans doute qu'il en a fait part à ses complices spoliateurs.

On a pris mes biens par un jugement rendu et tramé à mon insu, me déclarant en faillite sans titre légal, avec titre supposé et adopté fallacieusement. Je formai opposition ; les auteurs de ce jugement ne voulant pas l'annuler, soulevèrent l'indignation presque en entier du barreau et de deux cents auditeurs : fort de mon droit, je les déclarai complices, et je vins par honneur à Paris les dénoncer, démontrant dans des mémoires que c'étaient eux qui avaient failli, et qu'ils étaient plus coupables que des voleurs de profession : contre ceux-ci j'aurais pu me défendre, contre ceux-là, m'ayant détruit fortune et crédit, je restai sans défense, et j'y ai resté voilà dix ans.

Ce premier succès, sous l'impunité, les ayant enhardi, bientôt après on m'intente un autre procès de tutelle, lequel j'ai surnommé procès hermaphrodite, ayant successivement donné naissance à trente (qui se seraient doublés, si on avait eu de l'argent). Je les ai suivis pendant deux ans, faisant, dès ma demeure, au lieu de l'aréopage, trois à quatre voyages de huit lieues chacun, par beau et mauvais temps, pour des renseignements à donner en pareil cas sur chacun des procès que j'ai perdus injustement comme le premier, et qui ont absorbé les avoirs des père et mère de ma femme et les siens, pour une valeur de vingt mille francs, m'étant marié en 1828, lorsque je n'avais plus rien, puisque l'on m'avait dépouillé l'année précédente. La fortune de ma femme faisant l'héritage de deux orphelins, et sous le prétexte de leur conserver quinze cents francs de leur père, décédé, on leur en a fait perdre vingt mille du côté de leur mère, qu'elle aurait pu doubler étant dans le commerce, et qui avait encore seize et dix-sept ans à se consacrer pour les élever de ses peines et deniers avant d'être majeurs. Les ayant défendus avec tout le zèle dont je me sentais capable dans chacun des procès, le barreau disait : *Voilà un homme pour se vouer à la défense du malheur de cette famille, que la cupidité, la haine et la passion ont ruinée.* Le grand père et la grand'mère sont morts de misère. J'ai sur les bras les orphelins et leur mère, victimes comme moi, sous les auspices, en quelque sorte, de la mendicité à Lyon, et un autre à Paris, quoique ayant des droits à la recommandation.

Ces spoliateurs, qui se sont livrés avec tant d'acharnement contre ma famille et moi, se sont acharnés aussi pour priver la France d'une nouvelle industrie qu'elle aurait depuis longtemps, et qui ferait vivre des milliers d'ouvriers, artistes, marchands sur la fabrication des mouvements perpétuels; en faveur des riches, pour un objet d'ornement de plus dans leurs châteaux et maisons de plaisance.

Pour donner l'essor à cette nouvelle industrie, je me trouve dans la nécessité de chercher à réparer les griefs de mes spoliateurs, leur jugement étant frappé de réprobation, ayant vendu quatorze mille francs ce qui en valait deux cent mille, pour en faire détruire pour plus de cent mille francs en industrie, et les propriétés restant ont encore la valeur de trente-deux mille; et pendant dix ans j'aurais gagné deux cent mille francs dans mes établissements. Le préjudice qu'ils m'ont causé s'élèverait à près de quatre cent mille, non compris les bénéfices que m'aurait procuré la fabrication des mouvements perpétuels.

Cette découverte, bien loin d'être prise en considération, mes spoliateurs ont préféré insulter à un droit national, au point de tenter d'en frustrer la société, plutôt que de laisser vivre l'auteur qui ne leur demandait rien, travaillant pour se suffire à lui-même. J'avais, d'un côté, une brillante fortune qu'ils m'ont détruite, et d'un autre, une plus belle encore, comme possesseur d'une grande découverte, qui, remontant plusieurs siècles en recherches, a peut-être coûté un milliard d'efforts et de sacrifices avant d'être trouvée. J'étais presque comme un créancier universel, quand mes spoliateurs ont estropié les règles de bon sens, de droit, d'équité et de justice, pour me déclarer en faillite, encore illégalement, et lorsqu'ils m'étaient redevables, ainsi qu'ils sont aujourd'hui mes débiteurs ; mais je leur fais grâce.

Je sais qu'un homme évincé par un jugement doit obtenir un jugement en appel qui annule le premier pour rentrer dans ses droits ; mais un premier jugement ayant détruit mon crédit et laissé sans argent pour pouvoir me faire défendre, j'ai été volé d'une manière audacieuse : c'est un vol, voleur, qui a volé un droit de la nation. Il est dans les attributions des Chambres de faire respecter ce droit national sur les lieux où il a été volé, en me faisant rentrer dans mes propriétés. MM. les Législateurs ne veulent pas désavouer leurs attributions, méconnaître leurs droits, pour laisser ce vol impuni, qui prendrait une extension révolutionnaire, en me laissant dans l'impossibilité d'exécuter le mouvement perpétuel que personne ne peut faire sans mon concours. Cette exigence légitime du droit national ne change rien à la législation ; en prenant mes biens pour léser ce droit et arrêter l'émission d'une découverte ancienne et moderne, on a commis un délit politique en dehors de toutes les considérations humaines, délit qui est de la compétence des illustres Chambres, à qui on ne demande pas la punition des coupables, mais seulement la répression de leur action, réclamée par la saine justice du droit commun.

Par votre équitable suprématie, mon Prince, je demande qu'on m'oblige à payer quatorze mille francs à l'acquéreur de mes biens, pour rentrer dans ce qui reste, et je ne demande pas qu'on l'oblige à me payer la valeur de ce qu'il a détruit, pour plus de cent mille francs, ni à être dédommagé en rien des deux cent mille qu'on m'a fait perdre et que j'aurais gagnés dans mes

établissements, pour activer la fabrication des mouvements perpétuels, sans être obligé de solliciter des secours où je me trouve
forcément entraîné par des injustices criantes : secours que j'ai
circonstanciés dans ma pétition, ayant pour titre : *Découverte
nationale et le génie d'un homme forcé.*

Je supplie Votre Altesse Royale, mon Prince, de vouloir bien
dire une parole à M. le Président de la Chambre des Députés,
pour qu'il soit fait droit à ma réclamation relative à un intérêt
de l'illustre Chambre, puisque le Constitutionnel de 1821, dans
un article, *Revue encyclopédique,* dit : *Nous sommes en retard avec
ce recueil, qui est parvenu à prendre sa place dans les archives de l'Europe savante et littéraire sur un ouvrage; découverte qui met en rapport
tous les peuples.*

Le Courrier Français, du 15 décembre dernier, séance de
l'Académie des sciences du 12, dit : *Après la lecture d'une com-
munication sur le mouvement perpétuel, dont l'auteur annonce à l'Académie, pour la millième fois peut-être, la découverte définitive.*

Cet aveu, instruisant la France et l'Europe, fait honneur à
l'Académie des sciences, quant à la découverte définitive; il
y aura vingt ans au mois d'avril prochain que date le premier
acte notarié, et que les plans et dissertations circulent sur le
continent, tant en manuscrits qu'en imprimés, sans avoir trouvé
de contradicteur; et comme on ne peut l'exécuter sans l'auteur,
je ne puis mettre la main à l'œuvre avec la misère provenant
des spoliations.

Ma pétition aux illustres Chambres, sous la date du 25 décembre, contient ce fragment :

Des droits de tous, l'empire
Ne laissez pas détruire.
O du grand roi des rois
Peut-on craindre les lois !
Au succès de l'honneur,
Et pour tous le bonheur,
Faire chérir la vie.

Deux jours après, mes vœux ont été exaucés : le 27, pour la troisième fois, s'est manifestée la providence sur la personne sacrée du Roi. La révélation du premier juin dernier, s'est réalisée, le 25, sur celle du 28 juillet 1835.

Dans le discours de la Couronne pour l'ouverture des Chambres, un paragraphe y est consacré à l'encouragement des progrès des sciences ; les adresses de MM. les Législateurs, en réponse au discours de la Couronne, ont également rendu hommage à ce paragraphe. La découverte d'un chef-d'œuvre scientifique ne retournera donc pas en travaux pour les générations.

Des hommes d'honneur ne veulent pas violer leurs promesses, trahir la Couronne, la France, comme ont fait les ravisseurs de mes biens, et révolutionnaires dans l'ordre des devoirs. Le jour de leur forfait, jour de leur opulence, ils les ont transgressés leurs devoirs. Aujourd'hui, sous la vindicte universelle, ils ont besoin de la clémence royale ; je la sollicite pour eux : car la colique qu'ils éprouveront leur fera dire : Hélas ! mon Dieu. A moins que l'orgueil, dans l'impunité, leur fasse renier l'un et l'autre, comme un homme ivre qui ne voit que lui, brave les droits de l'univers et les lois de son pays.

L'article qu'on va lire est extrait de la Phalange, du premier février 1837, qui m'est tombée sous la main, par hazard ; je lis rarement, et presque pas de journaux, n'ayant pas souvent quinze centimes à mon service. Qu'on y parle de moi en bien ou en mal, je ne saurais pouvoir répondre.

« Un prince perd beaucoup à se livrer à des monopoleurs de
» génie, qui lui cachent les découvertes faites dans son royaume :
» il n'en connaît que des parodies diffamatoires, et cette pré-
» vention lui ferme les plus belles carrières. »

Le second de mes établissements, composé de vingt mille pièces mécaniques, quatorze tours mouvants par eau, artistement exécutés dans leur ensemble ; le tout de nouveaux procédés pour fabriquer les peignes d'ivoire, de corne et de buis. Cette fabrique, qui a été également détruite par l'acquéreur, toujours par le motif de faire disparaître le système de déprédation des spoliateurs : présentait de trente à quarante mille francs à gagner par an. Un nommé Lamy, banquier, riche alors et en crédit, à Saint-Claude (Jura), voulait y être associé, ayant jugé des bénéfices qu'on pourrait en retirer commençant à marcher, et c'est en faveur de ce banquier qu'on a tramé pour me détruire, espérant lui livrer ma fabrique neuve au moyen de son argent, lequel, peu de temps après, fit banqueroute de quinze cent mille francs, qu'il emporta à l'étranger pour s'assurer une retraite et s'esquiver d'un jugement qui intervint à la cour de Besançon, le condamnant à vingt ans. Il entraîna de grands malheurs après lui, faisant faire vingt faillites à ses victimes; et, sans des mémoires que j'avais fait imprimer, dévoilant ses turpitudes, il fut reconnu qu'il aurait travaillé encore une année pour emporter un million de plus, suivant ses plans et ses calculs, n'ayant fait la banque que trois ans. J'ai donc rendu quelques services dans ma contrée.

Mon Prince, je souhaite de tout mon cœur vous voir triompher dans le projet de loi concernant l'apanage de Votre Altesse Royale. Je souhaite pareil triomphe à la princesse Louise, Sa Majesté la Reine des Belges.

Le mien d'apanage, héritage de mes père et mère, mes créations, mes procédés, mes inventions mécaniques, mes fabriques, mes peines, mes veilles, mes propriétés; l'apanage de ma femme, celui de ses enfants, nous ont été ravis impunément par une ligue que j'ai vouée à l'exécration des générations : l'acquéreur de mes biens, homme de loi, complice de cette ligue infernale qui s'est encore avisée d'agir au préjudice d'un droit de la raison universelle, des Français, des Chambres législatives, à l'égard d'une découverte qui leur appartient, et que je défends depuis longtemps par devoir, avec une constance imperturbable, pour qu'elle ne retourne pas en recherche au détriment de la société. L'homme malheureux, comme il n'en fut jamais, s'incline avec respect pour laisser saisir la gloire au génie heureux du pouvoir, comme vous, mon Prince, puissiez-vous l'être toujours, et du génie de MM. les Législateurs, ayant lu au sommet de la colonne nationale, le passé, le présent et l'avenir.

> « Tant que son aigle tint la foudre,
> » Il eut cent mille adulateurs ;
> » Dès que son aigle fut en poudre,
> » Il eut cent mille accusateurs, »

La louange surprend ; rend-elle inexpugnable ?
Le bouclier de Thémis tient l'homme invulnérable.
Du sage magistrat, la noble dignité
Fait le juge parfait, s'il prend la vérité
Pour guide au tribunal, comme venant des cieux :
Défendre l'opprimé, c'est s'égaler aux Dieux.

Les deux sexes français veulent mettre à la mode
Le grand chef-d'œuvre, en France, et le rendre à l'Europe.
La matière se meut, marche le mouvement ;
Il est dans la nature, est mécaniquement.

L'AUTEUR,

Que d'humiliations par le peuple il éprouve !
Voulant servir les arts et aussi ceux du Louvre.

Je demande pardon pour les ravisseurs de mes biens, sycophantes dévastateurs, traîtres aux couronnés, à l'état, à la nation, m'ayant privé de mes ateliers au préjudice d'un droit du monde, et pour m'empêcher de travailler, de pouvoir donner du pain à ma famille. Par eux jeté errant comme sur une mer orageuse, tantôt dans Charybde, tantôt dans Scylla, et me faisant sortir de mon caractère humble pour me forcer à rechercher l'honneur des devoirs de ma patrie, dans la magnanimité de ses augustes chefs, sollicitant aide, justice et protection.

Pour reconnaissance, mon Prince, j'aurai l'honneur de faire hommage à Votre Altesse Royale d'un mouvement perpétuel. J'aurai l'honneur de faire hommage d'un autre à Sa Majesté la Reine des Belges.

Mon Prince, si Votre Altesse Royale me l'ordonne, j'aurai l'honneur de lui expliquer le système des forces de cette découverte qu'elle comprendrait dans cinq minutes, par la multitude de ses connaissances ultérieures à la solution de ce problême, qui, malheureusement pour moi, est ma seule sphère, donnant pour résultat 47 fois la force du levier d'Archimède, ou 47 fois la force mathématique, ou bien 47 fois la puissance des corps en force centripète et en force centrifuge.

D'après les appareils de la statique, on ne connaissait au levier qu'un point d'appui, la cause et l'effet. La découverte fait connaître un levier à deux points d'appui : la cause produit un effet; l'effet est en même temps cause et produit un autre effet.

En d'autres termes, on ne connaissait qu'une chute de gravitation : on en démontre deux.

Mon Prince, c'est comme si Votre Altesse Royale jetait en l'air une pomme, et qu'elle s'y soutint seule en tournant d'elle-même, mais ne démontrant qu'une chute de gravitation, Votre Altesse Royale en reconnaîtrait deux pour la force régénératrice de la rotation perpétuelle.

Dans la capitale, soyez, mon Prince, un nouveau Pâris pour votre Vénus, faisant l'admiration du monde. Apollon et Minerve célèbreront, comme Mars, vos hauts faits, protégés des Français, chantés par les Grâces, immortalisés par les Muses, compagnes chéries des Législateurs et des Poètes : les uns volant au temple de mémoire, les autres au Parnasse; tandis que moi, pauvre forgeron, estropié comme Vulcain, je me relèguerai avec des Cyclopes pour exécuter mécaniquement le mouvement perpétuel, afin de remplir mes dédicaces, au nombre de cinquante, pour Paris, Lyon, etc.

Mon Prince, j'ai payé ma dette à la patrie en 1813, dans les gardes d'honneur, et pour avoir été porteur d'ordonnance émanée de la bouche de Napoléon, dans les montagnes de la Bohême, écrite par le général Drouot, adressée au général Friant. Je fus porté pour la croix par mon capitaine; mais, lors de la distribution de 42, à Haguenau, j'en fus frustré par une circonstance qui ajoutait un mérite de plus à ma conduite.

En 1815, comme officier du 3me bataillon de l'Ain, la petite ville de Morteau, ayant des palissades avec deux redoutes, fut confiée à mon commandement pendant huit jours; et lorsque le général en chef, commandant la ligne depuis Beffort à Genève, vint à passer, j'eus la gloire de faire rendre au général Lecourbe les honneurs dûs à son rang, le 19 juin.

Peu de jours après, je commandais un détachement aux avant-postes, près de Morez (Jura), affaire des Rousse, du 2 juillet, une compagnie de voltigeurs du 62me de ligne se trouvant engagée, le capitaine blessé, le sous-lieutenant blessé, le lieutenant était sur un autre point, la compagnie restait sans chefs aux prises avec l'ennemi, au nombre de cinq à six cents : je joins mon détachement à ces braves voltigeurs, et j'en pris le commandement au fort d'une fusillade qui dura encore deux heures. Cette action me fit remarquer comme un officier intrépide. Je reçus un coup de feu au bras gauche; on me délivre un certificat du champ de bataille, signé par des officiers du 62me et par d'autres officiers du 3me bataillon de l'Ain, approuvé par trois généraux de la division du général Delaplane. La bataille de Waterloo ayant terminé la carrière militaire de Napoléon, je fus privé de la décoration.

Malheureux j'ai été dans le militaire, malheureux je suis dans le civil, quoique étant auteur d'une découverte européenne. J'ai cependant l'espoir qu'un jeune héros, saisissant la victoire, terrassera l'antéchrist, ce maître des diables, et brisera les fers dont il me tient enchaîné dès le berceau. Ce jeune héros, c'est vous, mon Prince : un droit des Français et ma fortune sont dans vos mains victorieuses.

Ma qualité d'auteur du mouvement perpétuel, et m'ayant pas valu le crédit d'un centime sous le poids des persécutions, quoiqu'elle ait la valeur d'un trésor insaisissable. Pour la corroborer cette qualité et lui donner l'égide des lumières du pouvoir paternel, maternel et filial, commandant sur terre et sur mer.

Je supplie Votre Altesse Royale, avec la bonté qui la caractérise, de vouloir bien demander à Sa Majesté Louis-Philippe Ier, roi des Français, et à Sa Majesté la reine de France, pour un fidèle sujet qui n'a jamais tergiversé, et dont les ramifications de fidélités s'étendent au lointain, la décoration de la Légion-d'Honneur. Je solliciterais le titre de Baron de Dortan, sans fief; mais on ne fait plus de Barons.

Ma pétition aux Chambres, faisant mention du mode d'une souscription gratuite pour pouvoir donner l'essor d'une nouvelle industrie à la France, par la fabrication des mouvements perpétuels. Cette souscription aurait fait, en même temps, la fortune de ma baronnie, qui se serait éteinte avec moi, n'ayant point d'enfant pour héritier, que les orphelins de ma veuve ; que j'ai pris sous ma protection, en dépit de leurs oppresseurs.

Voici un motif qui m'aurait encore engagé à solliciter le titre de Baron : M. le marquis d'Aubigny, en 1835, me fit un service pécuniaire pour payer, à Lyon, l'impression d'un ouvrage : *Problème résolu*. Comme c'est le seul service signalé que j'aie reçu durant ma longue période de vingt ans de calamités ; la grandeur d'âme de M. le Marquis m'entraîne par reconnaissance et par sentiments vers la noblesse. Pour elle, en 1830, dans un procès imprimé, j'ai posé une question de haute importance, que je me proposais de mieux développer, voyant alors, depuis quarante ans, l'instabilité du trône, exposé, comme sur un volcan, souvent prêt à faire éruption, dont le feu électrique est au sein de la société, constamment soufflé par l'esprit de vertige et d'égoïsme, qui, au mois de novembre dernier, publié dans les journaux, a été fulminé de réprobation par un noble magistrat, dont la spirituelle massue fait vibrer les cœurs comme des corps sonores. Quoi ! celui qui a trente-sept ans d'honorables travaux pour son pays, dix-sept ans consacrés en recherches métaphysiques, vingt en sollicitations, quinze brochures, autant de manuscrits, mille lettres, et ayant parlé à cent mille, offrant de faire la fortune du premier serviable par la fabrication d'un prodige qui sera toujours de mode et de luxe, est néanmoins resté sous le poids de l'oppression et de l'indifférence, semblable à des milliers éparpillés çà et là, criant comme dans un désert, et ne demandant qu'à travailler. Si un autre se fût trouvé à sa place, il l'eût cherché par terre et par mer pour l'aider de corps, d'âme, de fortune, en faveur des arts, des sciences, d'une industrie présentant des millions à faire gagner, des milliards aux générations, afin d'éviter le sinistre exemple de ses spoliateurs qui ont eu le barbare courage de l'opprimer, et non le courage de le protéger; et, s'étant faits les perturbateurs d'un droit du monde, ont trouvé dans les corporations des adhérents; mais les mille voix de la renommée de MM. les Législateurs vont les foudroyer comme l'honorable aveu de l'Académie des sciences, aux acclamations des défenseurs de la patrie, des conservateurs de la justice, de l'ordre et de la paix, voulant extirper le mal dans sa racine, et ce vice radical tourmentant la société, en la ruinant d'une manière honteuse, écrasant le véhicule du travail, et méconnaissant les devoirs comme s'ils devaient s'engloutir pour toujours dans le corps d'un éléphant. *Sentence d'un divin maître sur l'aiguille.*

Mon Prince, Votre Altesse Royale, dans sa sagesse, jugera qu'il était indispensable, qu'il est nécessaire de porter ces vices radicaux à la connaissance des augustes chefs du royaume, et de faire connaître les démarches et les efforts d'un homme, pour que le mouvement-perpétuel ne rentre pas au néant; sa perte laisserait des remords sanglants, sans qu'on puisse faire de reproches à l'auteur.

O civilisation! descends des cieux, à l'imitation de la Providence, qui a trois fois conservé les précieux jours de la personne sacrée du Roi, pour que Sa Majesté répande ses bienfaits sur sa famille auguste, sur ses sujets et sur ses armées protectrices.

Un grand personnage étant à la table du patriarche philosophe de Ferney, qui en était absent, disait : *Voltaire est comme Jésus-Christ dans l'Eucharistie; on le boit, on le mange, on ne le voit pas.*

La vérité a bien des obstacles à surmonter pour arriver au pied du trône, lors même qu'elle y est adressée par ceux qui ne briguent le poste de personne.

Bien des gens ont travaillé pour la chute des trônes, en poussant les peuples à la révolte; par prédilection pour l'inverse, j'ai écrit pour les dynasties sans tromper les peuples, et pour les peuples sans tromper les dynasties, non en savant, mais en génie créateur, préparant des matériaux à l'histoire pour bâtir sur des principes solides. Cela est tout naturel, je naquis au milieu des rochers.

En 1823, j'ai fait une pièce en vers, ayant pour titre : *Le Guide des jeunes Princes destinés à régner.* Cet écrit, que je n'ai plus, fut envoyé à Paris. Il se trouvera sans doute un jour avec mes autres productions dispersées, qui ont éprouvé le sort fatal de mes biens; et mes découvertes ne sauraient, malgré toute ma bonne volonté, avec la robe de Job, pouvoir être mise au jour sans votre protection, mon Prince, que je sollicite de la magnanimité de Votre Altesse Royale; et donnant mon adhésion à la loi de dotation présentée par MM. les Ministres, je supplie leurs Excellences de vouloir bien m'accorder un sentiment de réciprocité en faveur de ma pétition, dont le but national se trouve être inhérent aux intérêts des gouvernants.

CAMPAGNE DE MOSCOU.

Un froid imprévu, un hiver rigoureux furent la cause du désastre qu'éprouva la grande armée, sous les ordres du grand capitaine.

L'armée d'Afrique, devant Constantine, a éprouvé des pertes par une cause à peu près semblable; les intempéries, comme à Moscou, ont dominé le génie du maréchal Clausel. Que le grand guerrier retourne à la tête de la nouvelle expédition, il triomphera; qu'on donne le commandement à un autre, mes vœux l'accompagneront, comme ils accompagneront Monseigneur le duc d'Orléans ; cet illustre Prince reviendrait en général triomphateur.

Vous aussi, mon Prince, vous triompherez pour une cause universelle ; vous aurez conquis la double palme immortelle, celle de faire le bien de tous et celle de faire guérir le mal, invoquant la clémence suprême, pour des spoliateurs dévastateurs, ayant préféré agir au préjudice d'un droit de la nation, à l'honneur de faire leur devoir.

Si des tempêtes venaient à troubler le repos de l'État, la tranquillité de la France, quoique je ne puisse plus prendre l'épée, cela ne m'empêcherait pas de sortir de ma retraite et de venir me joindre au nombre des braves qui, par devoir, se feraient honneur d'entourer Votre Altesse Royale pour lui servir de rempart.

J'ai l'honneur d'être, avec le plus profond respect, mon Prince,

DE VOTRE ALTESSE ROYALE,

Le très-humble, très-obéissant et très-fidèle serviteur.

JANNIN.

Auteur du Mouvement Perpétuel.

NOUVELLE INVENTION.

Cisaille circulaire pour rogner et tourner le fer-blanc et le fer noir par une seule opération, sans se servir de compas, depuis deux pouces jusqu'à vingt de diamètre, et pouvant varier les grandeurs sans perdre de temps, de quart de ligne en quart de ligne ; ce qui présente environ huit cents grandeurs différentes.

Cette Cisaille fera l'ouvrage de dix personnes, et ne coûtera à fabriquer que six cents francs, et cinquante francs d'entretien par an. La place qu'elle occupera sera de six pieds sur quatre.

Si l'on voulait rivaliser cette Cisaille par le système des balanciers, et pour ne pas être obligé de changer de matrice et de poinçon, il faudrait huit cents balanciers, huit cents matrices et huit cents poinçons : chaque balancier assorti coûterait, l'un dans l'autre, à peu près cinq cents francs, en supposant que les gros poinçons et leurs matrices respectives n'offrissent point de difficultés à vaincre ; on sait cependant qu'elles sont grandes. Les huit cents balanciers coûteraient quatre cent mille francs, et dix mille francs d'entretien annuellement, parce que les poinçons se mordent avec les matrices, s'usent facilement et ne découpent pas juste. Pour faire huit cents balanciers, il faudrait plus d'un an, à cent ouvriers ; et pour les contenir, cent appartements de toutes grandeurs.

Il est facile de se convaincre de l'avantage immense qu'offre cette nouvelle Cisaille circulaire ; elle serait recherchée des ferblantiers et des fabricants qui font les plateaux, les porte-bouteilles, les soucoupes à l'usage des cafés, maisons bourgeoises ; et serait utile à mille autres objets, comme arrosoirs, boîtes de fer-blanc, couvercles et fonds de cafetières, dont la fabrication est considérable et le commerce généralement étendu.

L'auteur connaît d'autres inventions également importantes. Sous protection, il ferait plusieurs mécaniques pour les déposer au Conservatoire des arts et métiers, à la portée des gens de l'art.

Ne voulant pas s'enrichir d'un brevet, il espère pouvoir mettre incessamment en vente le plan et la dissertation du Mouvement Perpétuel.

JANNIN.

* 9 7 8 2 0 1 1 7 8 2 9 6 0 *